SOIRÉES EN ALLEMAGNE

———

PROJET

DE

CONSTITUTION RÉPUBLICAINE

PROJET

DE CONSTITUTION

RÉPUBLICAINE

PAR UN CAPITAINE D'ARTILLERIE

PRISONNIER DE GUERRE

———

BRUXELLES

IMPRIMERIE DE COMBE ET VANDE WEGHE

VIEILLE-HALLE-AUX-BLÉS, 15

—

1871

PRÉFACE

Réduits à la plus cruelle inaction, souffrant à la fois l'exil et l'humiliation, spectateurs impuissants de la dévastation de leur patrie, c'est à l'avenir que les prisonniers demandent quelques consolations. Leur espérance a moins en vue le terme de leurs souffrances que le bonheur de la France. Les dépêches militaires donnent matière à mille interprétations : chacun cherche dans des conjectures, trop souvent fausses, une base ferme à l'espoir du succès. Jusqu'à ce jour, hélas ! l'horizon s'est bien rarement et bien fugitivement éclairci. D'ailleurs, toute controverse militaire réveille en nous des souvenirs pleins d'amertume et évoque le spectre de Metz ou de Sedan, dont le ricanement insolent nous interdit le sommeil. Nous cherchons alors dans la politique un sujet moins pénible, une perspective plus souriante.

Que deviendra notre chère patrie après un si sublime effort? Sera-t-elle purifiée par tant de travail et de douleurs? Tant de sang aura-t-il suffi pour balayer la fange impériale?

La politique n'est pas d'ordinaire le terrain de l'entente et des doux épanchements : mais, pour nous, ces discussions ont un charme particulier. Elles nous rappellent les soirées en famille et les salons amis. Là, l'auteur a bien des fois exposé les idées qu'il présente au public; elles ne sont ni originales, ni nouvelles. Mais il pense, en les publiant, être utile à son pays et considère son travail comme l'accomplissement d'un devoir.

Allemagne, janvier 1871.

SOIRÉES EN ALLEMAGNE

Le sens politique n'est point une des qualités du peuple français. Aussi les mots exercent-ils une influence incroyable sur l'opinion de beaucoup. Le mot *république* est discrédité entre tous; il réveille dans l'esprit d'un grand nombre les idées les plus fausses et les plus diverses. Ainsi *première république* c'est guillotine, *deuxième république* c'est journées de juin, *troisième république* c'est dictature. En conséquence, la république compte pour ennemis la plupart de ceux dont l'opinion est plus sentimentale que raisonnée, et ils sont nombreux.

Les sentiments ne se discutent pas : du reste, lorsque ceux-là cherchent un appui dans le raisonnement, ils sont bien vite acculés. La discussion entre alors dans la période des épithètes, c'est une mitraille de *révolutionnaires, socialistes, démagogues, rouges, partageux,* etc. Puis les sentences :

« La France n'est pas mûre. »

« Il n'y a pas de république sans républicains. »

« La république n'est possible que dans les petits États. »

« Et des hommes ! » etc.

Cette dernière objection est singulière comme argument de la monarchie contre la république.

S'agit-il de confier à un seul homme tous les pouvoirs publics, la disposition absolue et sans contrôle de toutes les ressources du pays, en un mot tout son avenir, pour une tâche si simple, les hommes ne manquent pas. Ils pullulent même sous le nom de prétendants. Mais un ministre, un président républicain, un homme à pouvoir limité, contrôlé, révocable, on n'en trouve plus de capable. Un prétendant fera tout très-bien : dix ministères, trois chambres, vingt puissances, il fera face à tout en souriant, le cœur léger. Il sera incapable d'être président d'une république.

Et mon honorable interlocuteur est logique, il a raison. Il est bien décidé à approuver son roi en tout et quand même, à ne point voir le mal. En république, ce n'est plus possible : les fautes lui seront révélées bon gré mal gré, et son idole perdra tout son prestige.

C'est la politique de l'autruche, qui se cache la tête, ne voit plus le chasseur et se croit sauvée.

« Sans doute, entends-je souvent, le gouvernement républicain est excellent en principe, mais il ne peut pas durer en France. »

Si la république n'est pas possible en France, c'est que trop de gens raisonnent ainsi. Ils la disent impossible afin d'être logiques en la rejetant. S'établit-elle ? Ils font tous leurs efforts pour la renverser, afin de prouver qu'elle est impossible. Vous reconnaissez aux gouvernements monarchiques des vices graves ; vous reconnaissez la supériorité du gouvernement républicain. Soutenez-le donc de bonne foi, au lieu de crier haut : « Il est impossible, » tandis que vous le minez de toutes vos forces.

« C'est égal, ce n'est pas possible : les républicains seront toujours débordés par les socialistes et les exaltés. Il faut que ces gens-là soient maintenus par un gouvernement fort. »

Gouvernement fort, dans leur pensée, veut dire gouvernement monarchique. Un gouvernement républicain ne peut pas être fort ; sans doute parce qu'il est permis d'être d'avis contraire sans être appréhendé.

Est-il donc besoin d'être opprimé soi-même pour sentir la force d'une autorité ? Faut-il étouffer toute liberté sous prétexte qu'un petit nombre en abusera ? Jamais l'exception ne doit être prise pour la règle. Comment ose-t-on soutenir, même en politique, l'application à tout un peuple des mesures de sécurité en usage au harem ?

Mais combien sont-ils donc, ces terribles socialistes, ces affreux rouges contre lesquels vous voulez donner au gouvernement les mêmes pouvoirs que s'il s'agissait de soumettre la moitié de l'Europe ? Sous l'empire on les disait effroyablement nombreux : rien qu'à Paris il y en avait plus de cent mille. C'était facile à dire, moins facile à vérifier. Sous le nouveau régime, ils ont voulu se mesurer avec les opinions plus sages : on les a trouvés ce qu'ils devaient être, peu nombreux, faibles, sans valeur et sans courage. On en eut pitié, comme il convient quand on est fort. Il leur fut pardonné et on leur laissa l'occasion de se réhabiliter par une noble conduite devant l'ennemi. Mais le laid reste laid partout. Ils fuirent et il fallut les juger comme lâches. Où sont-ils maintenant, ces spectres de Belleville qui firent trembler l'empire et eurent un si beau rôle au plébiscite? En pleine lumière, ils n'effraient plus, ils dégoûtent.

Reconnaissez donc que la lumière est l'arme la plus sûre contre leurs machinations ténébreuses et que la république est le régime du grand jour par excellence. Sous un gouvernement républicain, il y aura des Bellevillistes, assurément, des socialistes, soyez-en sûr. A qui la faute? Au gouvernement? Et lequel aurait le privilége d'en anéantir l'espèce? Ce n'est point affaire de gouvernement : c'est affaire de société, de civilisation, d'imaginations dévoyées, de nature en un mot. Sous vos lois de rigueur, ils se cachent, font de temps à autre des tentatives d'insurrection, jettent le trouble dans les esprits. Sous la république, on les verra, on les comptera, on connaîtra leurs chefs et leurs projets. Ils seront impuissants, parce qu'ils se montreront.

Pour vous, il est vrai, le régime républicain est l'élément propre aux opinions socialistes; elles respirent mal sous les empereurs et les rois : les pouvoirs forts les étouffent : c'est pourquoi vous souhaitez des lois draconiennes.

Il me semble, au contraire, que les socialistes n'ont

jamais prospéré, acquis tant de puissance que sous l'empire. Toute mesure d'apparence libérale était accueillie comme un entre-bâillement de la cage aux bêtes. L'inquiétude allait croissant.

Au moins, pensez-vous, nul n'avait de pouvoir public. Et comme, d'après vous, nul honnête homme ne saurait prêter son appui au gouvernement républicain, vous concluez que celui-ci ne recrutera ses agents que parmi la *canaille*.

Le raisonnement est inattaquable, mais applicable à tout gouvernement. Ne serait-il pas plus honnête et plus sage, en apportant au gouvernement républicain l'appui de vos vertus, d'exclure de toute fonction publique cette canaille que vous exécrez?

N'accusez donc pas la république de s'appuyer bas, si vous l'y forcez, et surtout ne vous plaignez pas des conséquences que vous subirez.

On aime en toute circonstance à se trouver en bonne société : sous ce rapport, je ne crois pas que la comparaison soit encore à l'avantage des gouvernements forts. Leurs représentants n'étaient pas toujours des modèles de dignité. S'agissait-il d'obtenir des suffrages, beaucoup y arrivaient par des moyens quelque peu socialistes et ténébreux. On n'agissait pas par soi-même, il est vrai, et M. le préfet se chargeait d'aplanir bien des difficultés. Mais ceci n'est qu'une subtilité, voleur et recéleur.

Et les fonctionnaires! Ah! quelle différence! L'heureux représentant du pouvoir *par la grâce de Dieu, le 2 décembre et la volonté nationale* était revêtu de la fameuse cuirasse constitutionnelle n° 75. La république va reléguer ce cher *præsidium* au musée des antiques avec la carapace du roi-chevalier. Accepter une fonction publique ne sera plus tout plaisir, ce sera dangereux peut-être ; il faudra faire du dévouement. Mais le dévouement n'est-il pas noble toujours ? Et croyez-vous, ce qu'aucuns, âmes peu élevées, affirment, que l'on ne saurait trouver de fonctionnaires honnêtes à de pareilles conditions ? Les hommes dévoués n'ont manqué à aucun souverain ; la patrie inspirerait-elle moins d'amour ? Et remarquez que ce maudit gouvernement ne va se trouver servi que par des hommes de cœur. Car, d'ordinaire, la noblesse des sentiments n'est point le propre de la canaille. Vraiment vous ne pourrez refuser votre concours à la république : car ce sera noble société que celle de ses fonctionnaires.

Autre objection : « Votre système républicain, par des élections fréquentes, entretient dans le pays une fièvre politique funeste au repos général, qui inquiète le commerce, entrave les transactions et ruine le crédit. »

Loin d'être nuisible, cette fièvre est salutaire. N'est-il pas bon que chacun apporte au soin de ses propres affaires une activité fiévreuse même ? La politique traite des intérêts les plus considérables de chacun : nul ne doit rester indifférent à leur direction. Cette fièvre, du reste, se calmera vite. Lorsqu'il s'agit, en un jour de vote, d'engager six années d'avenir, le cas est grave : lorsque l'exercice des droits politiques est rare, l'émotion est plus vive. Beaucoup ne

savent guère de quoi il est question, et il faut bien des dis-
cours pour éclairer les intelligences ignorantes des affaires,
faciles à tromper. Au contraire, ce que l'on fait souvent
n'émeut bientôt plus. Appelés chaque année à choisir leurs
représentants, tous connaîtront le personnel politique, les
points en litige, agiront en connaissance de cause, ayant une
opinion faite.

Enfin les élections républicaines n'auront point l'importance possible d'élections monarchiques : les partis n'y
trouveront pas matière à tant d'espérances malsaines. Pas
de dynastie à supplanter; à peine y aura-t-il en jeu prépondérance temporaire d'influence.

Bien loin d'éviter la constance des préoccupations politiques, il faut la rechercher, rapprocher les élections en
renouvelant séparément les pouvoirs. Ainsi les fluctuations
de l'opinion, les progrès des idées prenant place peu à peu
dans les conseils, on évitera les crises violentes et leurs
tristes conséquences.

Mais, au contraire, la crainte des commotions éloigne
bien des esprits de la république : « Nous ne voulons pas,
disent-ils, changer de gouvernement tous les trois ou quatre
ans. »

Reste d'habitude monarchique : ils ne voient que
l'homme! Là est précisément l'abîme entre la république et
la monarchie. La république n'est personnifiée en aucun
des membres du gouvernement; elle n'est solidaire de personne. Monarchiquement, l'argument serait juste : autre
homme, autre gouvernement. En république nullement :

autre président, même république. Sous un régime absolu, qu'importent les ministres? On en change avec une facilité triviale et sans secousse. Quel est l'embarras, le pétard qui fait sauter l'édifice? Le souverain, empereur ou roi. La république, en supprimant la Sainte-Barbe, évite les explosions. Car le président n'est point un souverain, mais un agent, le président du conseil. Non-seulement son absence ne désorganise rien, mais on peut s'en passer momentanément.

Désireux d'un gouvernement stable, mettrons-nous notre repos, l'avenir sur la tête d'un homme? S'il meurt, le désordre et l'anarchie tombent sur nous. La position de Damoclès est-elle un type de quiétude? Chercherons-nous la perpétuité dans un homme miné par la maladie, usé le plus souvent par la débauche? Avides de sécurité, nous confierons-nous corps et biens à un inconnu?

Pas d'homme, des institutions! Celles-là ne meurent pas, et il ne manquera pas de *conservateurs* pour les défendre.

Tout *conservateur*, logiquement, doit être républicain. Conservateurs de leur fortune, conservateurs de leur position sociale, conservateurs d'eux-mêmes, tous ne trouveront que dans la république la réalisation de leurs vœux.

En effet, tout *conservateur* doit soutenir le gouvernement existant : car il est antirévolutionnaire, il a horreur des changements, des crises violentes. Il prêtera donc son concours, son appui à la république, comme gouvernement existant et comme celui offrant le plus de garanties contre le retour de commotions et d'anarchies. Conservateurs qui n'aimez point la lutte, restez donc en république et souvenez-vous des grenouilles du bon La Fontaine.

« Votre république serait un gouvernement parfait, me répond-on, si tout le monde était honnête. »

Il en est ainsi à peu près de tous les gouvernements; mais la remarque est plus particulièrement vraie du gouvernement républicain. C'est le plus grand éloge que l'on en puisse faire, que de reconnaître qu'il s'appuie sur la moralité. Nous sortirons donc enfin des gouvernements qui déconsidèrent quiconque les approche, et désormais, je pense, tous les hommes honnêtes s'empresseront de le seconder. Celui-là ne pose pas la moralité comme exclusive des qualités politiques. C'est le seul dont les hommes d'honneur puissent approcher sans craindre pour leur réputation.

Honneur à la république! car, ses ennemis l'ont avoué, le vice la tue. C'est elle qui régénérera le pays gangrené par les régimes de cour. Tel le gouvernement, tel le peuple : car le gouvernement est à la fois un modèle et une école.

Il y a encore en France plus d'hommes droits que le spectacle des dernières années ne tend à le faire supposer : l'empire les tenait dans l'ombre. D'ailleurs, les institutions rendront vite crédit à la vertu. Leur probité seule couvrira les fonctionnaires. Tout coupable de malversation ou d'abus de pouvoir sera destitué et sévèrement puni. Il faut que les fonctionnaires, par leur exemple, élèvent les sentiments au lieu d'avilir les mœurs.

Trop longtemps nous avons été dupes de gouvernants qui, pour mieux nous tromper, présentaient la duplicité comme la plus haute qualité politique : pour eux, honnête est synonyme de faible d'esprit; politique, synonyme de fourbe. Ils avaient raison de nous traiter de faibles d'esprit, quand, stupidement, nous nous sommes fiés à ceux qui bafouaient l'honnêteté et se vantaient de duplicité. Non! il n'y a en ce monde qu'un chemin digne et sûr : c'est le chemin de l'honneur. Entre nations comme entre hommes, en politique comme en affaires, la droiture et la bonne foi sont les seules bases durables de l'estime et de la force.

La république est le seul gouvernement qui *puisse* être honnête.

J'entends souvent déplorer que tel souverain n'ait été entouré que de gens dénués de sens moral. S'il n'admettait dans son intimité que gens tarés, c'est que, taré lui-même, il se complaît dans cette triste société. Qui ne sait, d'ailleurs, la vie des cours! Qu'espérer d'un dauphin élevé dans un pareil foyer de bassesse et d'immoralité? Il déprave tout ce qui l'approche. Et, comme le mauvais exemple est toujours suivi, un gouvernement corrompu corrompt le peuple entier. Après Louis XIV, la régence.

Autant les courtisans sont vils et méprisables, autant seraient droits et honnêtes les ministres d'un gouvernement basé sur la loyauté et la noblesse des sentiments.

Que faut-il pour mettre en pratique ces principes? Des institutions sévères, une répression spéciale des crimes et délits commis par les dépositaires du pouvoir.

Certes, il y a beaucoup à faire pour redresser le sens politique dans la voie de la moralité. Attaquons franchement le mal, dans ses causes, dans sa racine, nous en serons bientôt maîtres.

Qui a donné l'exemple de la fraude, de la débauche, du mépris de toutes les lois divines et humaines? Les fonctionnaires. C'est d'eux qu'il faut impitoyablement exiger la droiture et la probité.

Beaucoup ne croient pas à la possibilité de faire accepter et soutenir un gouvernement honnête, des institutions qui commandent le respect des lois de la morale.

« Le monde, disent-ils, est trop corrompu ; vous serez bafoués, sans force et bientôt renversés pour faire place à un nouveau César. »

J'ai, pour ma part, meilleure opinion de l'humanité, et cette croyance je la puise dans l'exemple des siècles passés. J'y vois, en effet, que le bien seul a ses martyrs, et je les vois nombreux. Le mal n'en a point, parce qu'il n'a fait naître en aucun de conviction profonde. Le criminel, qui expie ses méfaits dans les supplices, n'a pas agi par amour du mal : son mobile a été l'intérêt, l'entraînement, et toujours, à l'heure suprême, il renie le mal. Celui-là n'est point un martyr. Le martyr affirme sa croyance en face de la mort ; il est convaincu, il a la force de sa conscience.

J'en conclus que le bien a de puissantes racines dans le cœur humain ; il est accepté, accueilli ; le mal s'impose. Un gouvernement honnête, dont la devise sera *honneur*, deviendra presque une religion ; il aura des adhérents convaincus, les seuls forts ; des martyrs, l'appui le plus solide. C'est que le bien seul engendre la foi, la plus grande puissance de ce monde, le levier d'Archimède ; la foi qui seule fait la force des gouvernements. Tant que la royauté a inspiré la foi, elle a été toute-puissante. Louis XIV, demi-dieu, Roi-Soleil, est l'expression exacte de la royauté à son apogée, de l'idolâtrie du peuple pour le souverain. La foi s'éteignant peu à peu, la royauté se meurt. La foi, en disparaissant, entraîne la royauté dans l'abîme. Depuis lors, statues aux pieds d'argile, les gouvernements s'effondrent sans cause apparente, au moindre souffle populaire. En vain ils cherchent une base ferme en dehors de la vérité et de la morale.

PROJET

DE

CONSTITUTION RÉPUBLICAINE

———

Ce serait folie de croire à la probité d'un gouvernement basée sur la probité des hommes. Pour qu'un gouvernement soit honnête, il faut des institutions telles que tout homme investi d'une fonction publique soit forcé d'agir en honnête homme, ne le fût-il pas. Conséquence immédiate : responsabilité de tous les dépositaires du pouvoir. Que tout fonctionnaire soit tenu de répondre, sur réquisition régulière, des actes de sa gestion. Cette condition essentielle de la probité dans le gouvernement est exclusive de l'investiture à vie, par suite de la forme monarchique et de l'hérédité.

Notre gouvernement sera donc républicain.

Le principe caractéristique du gouvernement républicain est le partage du pouvoir central. Voici comment nous le mettons en pratique.

Le premier devoir du gouvernement est de faire exécuter les lois; nommer à tous les emplois, diriger les affaires intérieures, les finances; correspondre avec les puissances étrangères, etc. C'est le rôle du pouvoir exécutif. Ce pouvoir complexe est partagé entre des ministres dont chacun administre une branche spéciale. Puis comme ces ministres peuvent être changés, que d'ailleurs il faut une direction d'ensemble pour établir la coordination des affaires, qu'enfin toute réunion exige un président, le conseil des ministres a à sa tête le représentant permanent du pouvoir exécutif, sous le nom soit de président de la république, soit de président du conseil des ministres.

En second lieu, le pouvoir central doit comprendre un corps délibérant qui élabore et vote les lois, et jouit en toute justice du droit d'en proposer de nouvelles : le corps législatif.

Le président, chargé spécialement de l'exécution de ces lois, doit pouvoir en signaler les vices.

L'un et l'autre auront l'initiative des lois. Il peut, à ce sujet, se présenter quelques difficultés entre les deux pouvoirs.

Une seconde chambre prononcera entre eux. Mais comme, en matières si graves, l'intéressé direct doit seul juger souverainement, le pays sera consulté par voie plébiscitaire, si l'un des deux pouvoirs refuse de se soumettre à la décision de la seconde chambre.

Les plébiscites doivent être événements rares : et, pour conserver toute leur valeur, il faut qu'ils répondent à des questions claires, nettes, dont la formule soit invariable. On n'y aura recours que dans le cas présent et la question sera l'une des deux suivantes :

« Le peuple veut-il la dissolution de la chambre législative ? »

« Le peuple veut-il la réélection du président? »

La question est posée par la seconde chambre, selon que tel ou tel pouvoir refuse de se soumettre à sa décision. Le pouvoir condamné par le plébiscite devra se soumettre ou se retirer.

En raison de son rôle, nous appellerons cette seconde chambre, chambre tribunal. Elle interpellera le gouvernement sans condition. Elle jugera les ministres et les députés en dernier ressort : les ministres sur l'accusation d'une des deux chambres, les députés sur l'accusation de l'assemblée dont ils sont membres. En fait, elle juge le président en premier ressort avec recours à l'appel au peuple, dans le cas spécifié ci-dessus. La chambre tribunal connaîtra de tous les procès politiques : comparaîtra à sa barre, tout fonctionnaire accusé de crime ou délit, dans l'exercice de ses fonctions, par un membre des chambres ou par le président. La magistrature est ainsi soustraite à toute influence politique.

Il faut une sanction à l'examen de l'application de la loi annuelle des finances. C'est une attribution qui revient de droit à la chambre tribunal. C'est à elle que seront adressés les rapports de la cour des comptes.

Ces trois pouvoirs, pouvoir exécutif, pouvoir législatif et pouvoir judiciaire, doivent être absolument indépendants.

En conséquence, ils seront élus et en session libre ou permanente. Dans le même but, et afin que toujours l'opinion dominante soit représentée dans les conseils, ils seront renouvelés séparément. Chaque pouvoir sera élu pour trois ans et chaque année l'un d'eux sera renouvelé : une année le président, l'année suivante le corps législatif, la troisième année la chambre tribunal.

Il est important de débarrasser le soin des intérêts généraux des préoccupations d'intérêt local. La seule manière d'approcher autant que possible de ce but, c'est de faire les élections au scrutin de liste. Ainsi, en même temps, se trouve considérablement amoindri le rôle corrupteur de la fortune dans les élections : l'influence des dons pécuniaires ne peut s'exercer sur une étendue du pays dépassant certaines limites. Mais il faut tenir compte aussi de la difficulté pour les électeurs de répondre par une liste trop longue. On satisfera convenablement à ces diverses exigences en nommant trois ou quatre députés à la fois. Nous admettrons le scrutin de liste par département, avec un représentant par cent mille habitants pour le corps législatif. On subdivisera quelques départements dont la population est trop nombreuse.

La chambre tribunal, eu égard à l'importance de ses fonctions et de son rôle dans les circonstances les plus difficiles, doit être composée d'hommes revêtus d'un caractère plus imposant. Le nombre de ses membres ne sera que moitié du nombre des députés au corps législatif. Ils seront élus au scrutin de liste par département, à raison de un par deux cent mille habitants.

Il n'est ni opportun, ni possible de restreindre le principe du suffrage universel. C'est une institution qu'une pratique de vingt-deux ans a sanctionnée : entrée dans les mœurs, elle est inattaquable. Toute tentative de perfectionnement est dangereuse, en ce qu'elle conduit fatalement à restreindre, au moins en apparence, le droit de suffrage. Aussi ne faut-il pas oublier, dans tout travail de ce genre, que l'institution du suffrage universel a eu pour but de séparer définitivement les droits politiques et les droits sociaux : le suffrage universel est l'expression de *l'égalité de tous devant la loi politique.*

Toute modification du droit de suffrage doit, avant tout, respecter ce principe. C'est pour cela que toute condition d'instruction, se bornât-elle à savoir lire, est inadmissible. C'est, en fait, un cens dissimulé. L'instruction, la moindre même, est en l'état des choses un privilége de la fortune. Le principe est bon ; d'ailleurs il est reçu : et il est commandé désormais d'admettre à la première des pratiques politiques toutes les classes de la société sans distinction subtile et contestable de capacité.

La réforme que nous proposons, restrictive en fait, n'est point exclusive : elle est commune à toutes les classes ; elle est générale et laisse au suffrage universel son caractère d'universalité. Nous ne changeons que la limite d'âge. De même que jusqu'ici on considéra le jeune homme de moins de vingt et un ans comme n'ayant pas assez de maturité dans l'esprit pour bien comprendre les questions politiques, de même nous croyons qu'avant vingt-cinq ans il est incapable de jugement sérieux, de décision fondée dans l'exercice de ses droits politiques. Nous voudrions que l'on ne fût électeur qu'à vingt-cinq ans.

On fera à cette réforme des objections : mais toutes sont basées sur des comparaisons et des rapprochements faux. L'exercice des droits civils, le courage militaire, etc., n'ont rien de commun avec la politique. Le fait est que tout ce qui touche à l'organisation des pouvoirs publics, aux lois de l'État, est matière dont la solution demande une certaine maturité d'esprit, que l'étude ou l'expérience donnent seules. Sans doute il se rencontre quelques esprits supérieurs, intelligences d'élite capables plus tôt de discernement politique : ceux-là sont l'exception : la loi générale ne peut pas être faite pour eux seuls.

Laissant la limite d'éligibilité à vingt-cinq ans pour le corps législatif, nous préférerions que les membres de la chambre tribunal eussent au moins trente ans. Beaucoup auraient été membres du corps législatif; ils seraient plus connus ; le choix en serait plus judicieux.

L'armée est un des dangers les plus graves pour les gouvernements et pour la liberté. L'armée est une maladie chronique dont la guerre est la crise aiguë. Mais c'est un mal nécessaire, pour toute puissance européenne : il faut chercher à n'en souffrir que le moins possible, c'est-à-dire financièrement seulement.

Nous interdirons d'abord toute pratique politique aux

militaires sous les drapeaux. Les officiers ne votent que lorsqu'ils sont en congé et au lieu de leur domicile électoral. Les soldats ne votent jamais pendant la durée, d'ailleurs réduite, du service actif.

Le serment, supprimé comme inutile pour les fonctionnaires, puisqu'ils sont toujours responsables devant la chambre tribunal, le serment est maintenu pour les officiers, sous cette forme :

« Je jure de n'employer les forces dont mon grade me donnera le commandement, dans aucun sens politique. »

Ce n'est plus là un serment vague d'obéissance et de fidélité à une abstraction. C'est un engagement qui définit à la fois les pouvoirs hiérarchiques et les devoirs d'obéissance passive.

Comme corps constitué et dans son ensemble, l'armée remplit dans la société deux rôles opposés : elle est un danger pour l'ordre politique, un appui pour l'ordre social.

L'armée est un danger entre les mains d'un homme. Nous ne lui donnerons donc pas de commandant en chef en dehors de la guerre. Chaque corps d'armée reçoit des ordres du ministre de la guerre, mais comme chef administratif, non comme commandant supérieur. Chaque corps d'armée occupe une région déterminée, et tout déplacement hors de ce cercle, de même que toute concentration ou mobilisation, n'est ordonnée que par la chambre tribunal. Encore la chambre tribunal ne peut-elle user de ce droit que dans deux circonstances déterminées : 1° le cas indiqué plus loin d'insurrection d'une partie du pays, ou 2° comme démonstration contre l'étranger, d'accord avec le président ; elle nomme alors un général en chef.

Afin qu'aucun pouvoir ne puisse gagner même une portion de l'armée, nul ne nomme sans contrôle au grade de général. C'est le président qui signe le décret, mais il ne peut prendre son candidat que sur une liste de trois, établie par la chambre tribunal. D'ailleurs, l'armée est inspectée et surveillée chaque année, d'une part par des généraux, d'autre part par des délégués de la chambre tribunal qui en assure ainsi la bonne direction militaire et le commandement. C'est le président qui confère le grade, mais c'est la chambre tribunal qui donne le commandement. En sorte que ni l'un ni l'autre des pouvoirs ne peut se faire des créatures, ni s'attacher une partie des troupes. L'armée n'est plus dans la main de personne.

Appui de l'ordre social et matériel, l'armée n'agit, en France, que contre les insurrections des grandes villes, particulièrement contre les soulèvements de Paris.

Le siége du gouvernement à Paris a été la cause première de toutes nos révolutions, de tous les coups d'État, de quelque part qu'ils soient venus.

Un coup de main à Paris renverse le gouvernement et jette la France dans le trouble et l'anarchie : là est le mal. Comment y remédier ?

Soustraire le gouvernement à cette situation précaire.

Pourtant on ne peut songer à enlever à Paris le président, les ministères, cette centralisation qui fait sa fortune ! Ce n'est pas possible, mais ce n'est pas nécessaire. Il suffit qu'une partie importante du gouvernement siége ailleurs, à l'abri des tourmentes populaires, pour ôter aux manifestations de la capitale leur influence abusive et souvent désastreuse.

Or, dans notre système, la chambre tribunal a un rôle élevé qui se prête complétement à cette combinaison. Que la chambre tribunal siége en dehors et loin de Paris, loin des grands centres industriels, dans un milieu calme et sûr, à Clermont-Ferrand par exemple ; par ce fait seul sont rendus impossibles coups d'État et révolutions populaires.

Paris n'a plus de pouvoir politique propre, privilége injuste. Paris ne conserve d'autre prépondérance que celle de sa population, comme Lyon, Marseille, Toulouse. Un soulèvement a-t-il lieu, aussitôt les communications interrompues avec le président et le corps législatif, la chambre tribunal prend en main le gouvernement, nomme des ministres et un président du conseil, un général en chef de l'armée, donne des ordres de concentration et opère, s'il y a lieu, contre la ville insurgée. Ce n'est plus une révolution, mais une *insurrection* sans conséquences politiques.

Alors il ne faut de troupes ni à Paris, ni dans les grandes villes : les forts seuls auront leurs garnisons. Quant à la ville de Paris, elle veillera au maintien de l'ordre chez elle, au moyen et de gardes nationales et de troupes municipales autorisées par le pouvoir central, mais qui conserveront leur caractère purement municipal, ne faisant poin partie des troupes de guerre.

Peut-être, eu égard à nos mœurs, les députés à la

chambre tribunal paraîtront-ils exilés. Mais leur rôle est assez grandiose, leurs attributions sont assez élevées pour rester séduisantes. D'ailleurs, les chambres restent en session permanente, c'est-à-dire libre, et les députés ne seront point tenus au séjour perpétuel de Clermont.

Du reste, c'est une objection quelque peu puérile, que l'on n'a jamais faite au choix de Washington pour siége des pouvoirs de l'Union américaine. Et il est permis de supposer que leurs décisions seraient moins sûres et moins respectées à New-York.

De cette manière, l'armée ne joue plus aucun rôle politique : elle n'est appelée qu'à soumettre une ville ou une province en sécession, ce qui rentre dans ses véritables attributions.

La chambre tribunal, par le droit absolu d'interpellation, est tenue au courant des relations avec les puissances étrangères. C'est elle qui déclare la guerre, donne l'ordre de mobilisation de l'armée, nomme les généraux en chef, signe les traités de paix. Il est bien entendu que le président et les ministres dirigent les affaires diplomatiques : la chambre tribunal n'intervient que comme contrôle, et c'est en quelque sorte en ratification de la conduite du cabinet qu'elle prononce la déclaration de guerre. Il en est de même des traités de paix et même de la direction des opérations de guerre. C'est le cabinet qui constitue le comité de défense, la chambre tribunal n'ayant que droit d'interpellation et de contrôle toujours.

Les traités de douanes et de commerce, qui sont lois de

finances, restent dans les attributions du corps législatif.

Nous avons fixé le traitement du président à cinq cent mille francs : la composition de sa maison sera fixée par une loi : les membres en seront payés sur le budget général. La seule objection sérieuse que l'on oppose à la réduction du traitement à une somme *aussi minime*, c'est que la liste civile envoie des secours importants aux malheureux frappés par de grands sinistres. C'est vrai : mais il y a dans le budget du ministère de l'intérieur un fonds de secours : qu'on l'augmente s'il est insuffisant. Ce qu'il importe, c'est que l'on connaisse l'emploi des fonds votés. Il est nuisible, d'ailleurs, qu'un homme joigne à tant de pouvoirs celui de la corruption pécuniaire et que ce soi-disant fonds de secours serve en grande partie à payer les dettes de gens véreux qui viennent s'humilier pour sortir d'embarras : ceux-là ne sont dignes d'aucune pitié. Qu'ils restent dans la position qu'ils se sont faite : la société ne les regrettera pas.

Trente mille francs aux ministres, douze mille francs aux membres des deux chambres. Il n'est pas nécessaire de justifier ces traitements que quelques-uns trouveront encore scandaleux. Les fonctions de ministre et de député exigent des dépenses de réceptions, de voyages, qui ne sont pas à confondre avec la représentation, mais dont l'influence est grande dans les affaires.

Il reste à régler, dans la Constitution, le sort de cette Constitution elle-même. La logique veut que la Constitution soit susceptible de modifications. Les trois pouvoirs, étant également intéressés dans la question, doivent avoir tous trois le droit d'initiative.

Comme loi, la Constitution réformée sera d'abord examinée par le corps législatif, puis par la chambre tribunal. Votée par les deux chambres, elle sera présentée à l'acceptation du président, aux conditions ordinaires d'appel au peuple, en cas de refus de sa part.

En résumé, voici quelle est dans ce système la répartition des pouvoirs :

Le président a tous les pouvoirs d'un chef d'État monarchique, moins :

L'investiture à vie ;

Le droit de paix et de guerre ;

Le droit de proroger et de dissoudre les chambres ;

La nomination sans contrôle au grade de général ;

Le commandement des armées ;

Le veto ;

Le droit de grâce.

Le corps législatif a les mêmes attributions que sous l'empire, avec :

Session permanente et libre ;

Droit absolu d'interpellation ;

Initiative législative et constitutionnelle ;

Suppression de la sujétion au conseil d'État ;

Droit d'accusation contre tous les fonctionnaires.

La chambre tribunal a les attributions suivantes :

Contrôle et jugement des fonctionnaires;

Surveillance spéciale de l'armée et proposition des candidats pour le grade de général;

Nomination des généraux aux commandements des corps de troupes;

Voix consultative dans les conflits entre le président et le corps législatif;

Appel au peuple dans les cas prévus;

Gouvernement général en cas de captivité des autres pouvoirs à Paris;

Commandement de l'armée *dans ce dernier cas seulement*.

CONSTITUTION

DES POUVOIRS CENTRAUX

Le pouvoir central est partagé entre :
Le président de la république, pouvoir exécutif;
Le corps législatif, pouvoir législatif;
La chambre tribunal, pouvoir judiciaire politique.

LE PRÉSIDENT

Le président promulgue les lois et en assure l'exécution. Il gouverne avec le concours des ministres dont il préside le conseil. Il nomme les ministres parmi les membres des deux chambres. Il partage avec les deux chambres l'initiative législative.

Le président nomme à toutes les fonctions et à tous les grades. Toutefois, il ne peut nommer au grade de général que sur une liste de trois candidats, dressée par la chambre tribunal.

En temps de guerre seulement, le président nomme directement aux grades et aux commandements.

Le président réside à Paris.

LE CORPS LÉGISLATIF

Le corps législatif élabore et vote les lois.

Il jouit du droit absolu d'interpellation.

Il siége à Paris.

LA CHAMBRE TRIBUNAL

La chambre tribunal juge les fonctionnaires sur l'accusation d'un membre de l'une des deux chambres ou du président.

Elle prononce entre le président et le corps législatif. Sur l'appel de l'un des deux pouvoirs, elle donne son avis motivé, lequel a force de jugement s'il est accepté par les deux pouvoirs. Si l'un des deux pouvoirs refuse de se soumettre à la décision, la chambre tribunal consulte le peuple par voie plébiscitaire, en posant l'une des deux questions suivantes :

« Le peuple veut-il la dissolution de la chambre? »

« Le peuple veut-il la réélection du président? »

Si le vote est affirmatif, il est immédiatement procédé à de nouvelles élections.

La chambre tribunal juge les députés au corps législatif et les ministres mis en accusation par le corps législatif.

Elle reçoit les rapports de la cour des comptes.

Elle propose pour le grade de général et nomme les généraux aux commandements des corps de troupes. Elle envoie chaque année des commissaires inspecter les corps d'armée.

Elle jouit du droit absolu d'interpellation et d'initiative législative, et reçoit les pétitions.

Elle déclare la guerre et ratifie les traités de paix.

La chambre tribunal siége à Clermont-Ferrand. Si une insurrection renverse ou retient captifs les pouvoirs siégeant à Paris, la chambre tribunal prend en main le gouvernement et le commandement de l'armée.

DISPOSITIONS GÉNÉRALES

Les trois pouvoirs sont élus au suffrage universel pour trois ans et renouvelés successivement d'année en année :

Première année, le président;

Deuxième année, le corps législatif;

Troisième année, la chambre tribunal.

Le corps législatif compte un député par cent mille habitants; la chambre tribunal, un député par deux cent mille habitants.

Chaque département nomme au scrutin de liste autant de députés qu'il compte de fois cent mille ou deux cent mille habitants, plus un, si l'excédant du chiffre de la population dépasse soixante mille dans le premier cas, cent vingt mille dans le second.

Est électeur tout Français âgé de vingt-cinq ans remplissant les conditions ordinaires de moralité et de séjour.

Est éligible au corps législatif tout électeur; à la chambre tribunal et à la présidence, tout électeur âgé de trente ans.

Les sessions des deux chambres sont permanentes et libres.

Les officiers et soldats, présents sous les drapeaux, ne prennent jamais part au scrutin.

Les officiers seuls prêtent un serment ainsi conçu :

« Je jure de n'employer dans aucun sens politique les

forces dont mon grade me donnera le commandement. »

Il est alloué au président cinq cent mille francs par an ; aux ministres, trente mille francs ; aux membres des deux chambres, douze mille francs.

L'initiative des modifications à apporter à la Constitution appartient aux trois pouvoirs.

La proposition, adressée d'abord au corps législatif, doit être adoptée par les deux chambres puis par le président.

Si le président refuse, il est procédé à l'appel au peuple, comme il est dit plus haut.

CONCLUSION

Il n'est traité ici que de la forme du gouvernement, nullement de direction particulière à donner aux affaires.

Ce sont, en effet, deux choses distinctes et qu'il faut se garder de confondre.

Le mot de république éveille communément dans l'esprit deux idées qui paraissent inséparables : régime politique, régime social. Le système politique semble devoir amener des réformes sociales. C'est une erreur d'autant plus malheureuse qu'il y a, en France, un très-grand nombre de républicains *politiques* et très-peu de républicains *sociaux*.

Nous trouvons l'origine de cette confusion dans l'étude souvent incomplète et un jugement faux de la Révolution française. La révolution de 1789 a été une révolution sociale, et elle s'est faite *en dehors de la république*, car elle était consommée bien avant septembre 1792. Ce n'est qu'à partir du 10 août que la révolution devient politique. La république n'était pas dans les esprits, elle n'était pas préparée ; elle se trouve, par l'enchaînement des faits, la conséquence de la chute de la royauté ; celle-ci, que la noblesse seule étayait encore, tombe avec elle. La république ne l'a point renversée, elle en a simplement recueilli la succession. Du reste, du régime républicain le gouvernement n'a que le nom sous la Convention, aussi bien que sous les constitutions suivantes, essais bâtards, sans idée générale, et qui aboutissent à l'Empire.

En 1848, dit-on, ce sont les républicains qui ont tué la république. C'est presque vrai. En fait, il n'y a eu ni république, ni républicains. Il y a eu bataille, bouleversement, beaucoup de confusion, nulle révolution politique. Le gouvernement change de nom : les hommes sont autres et baptisent le gouvernement du nom, très-fantaisiste pour la circonstance, de République.

Nous voyons, en effet, sous le gouvernement provisoire, des hommes investis d'un pouvoir absolu et qui en usent. Nous voyons ensuite un président, armé en guerre, comme un roi, et qui le devient quand il le désire. Tout cela n'a rien de commun avec les institutions républicaines. En réalité, la révolution de 1848 a été, comme son aînée, une révolution sociale : elle n'a fait que la compléter. La révolution de 1789 avait fondé l'égalité devant la loi civile, la révolution de 1848 a fondé l'égalité devant la loi politique, par le suffrage universel. Dès lors les deux pouvoirs sont définitivement séparés, indépendants.

Jusque-là, la république était impossible : car le gouvernement devait constituer à la fois l'état politique et l'état social du pays, puisque les deux pouvoirs restaient encore confondus. Or la république est un état purement politique : elle ne pouvait se fonder que sur l'égalité sociale, l'égalité de tous devant toutes les lois.

C'est ce qui explique les nombreux changements de gouvernement qui ont tourmenté la France. Chacun cherchait son appui dans une classe de la société, c'est-à-dire la favorisait : c'était une excitation permanente à la guerre civile. Aussi la république est-elle la forme de gouvernement qui nous offre le plus de chances de stabilité, parce qu'elle s'appuie sur un principe et non sur une classe; sa base sera d'autant plus solide que le principe sera plus élevé. Et que ceux qui, frappés de l'imperfection du suffrage universel, y prennent bien garde. Toute restriction du droit de suffrage, sous forme de réforme sociale, serait le signal de la guerre civile.

Ainsi, la république peut être aujourd'hui fondée en France, sans révolution sociale.

Maintenant, est-on en droit de craindre du régime républicain une nouvelle révolution sociale? Je réponds : Non.

En effet, la question sociale est désormais déplacée : elle est passée de la région constitutionnelle dans la région législative. Le pouvoir central défini par la Constitution ne peut plus rien sur la question sociale. Celle-ci est tout entière entre les mains du pouvoir législatif, dans les lois. Or, d'une part, le pouvoir législatif est plus respecté que le pouvoir exécutif, parce que son pouvoir est moral et non brutal. Puis il n'y a pas, pour le moment du moins, d'abus criants qui puissent justifier la crainte d'un mouvement. Enfin le corps législatif est élu. On ne saurait donc attaquer à ce point de vue le régime républicain qu'indirectement dans le suffrage universel, et lui préférer un autre gouvernement qui, ou bien restreindrait le droit de suffrage, ou bien dirigerait le suffrage universel.

La restriction c'est la guerre civile.

Quant à la direction du suffrage universel par le pouvoir, nous en avons vu les tristes effets sous l'empire et les gouvernements précédents. Elle oblige les fonctionnaires à des manœuvres que la conscience réprouve, qui discréditent le pouvoir et qui conduisent fatalement à la guerre civile en rétablissant d'une manière détournée l'inégalité devant la loi politique. Oui, il faut diriger le suffrage universel, non pas par la force, mais en l'éclairant par l'instruction et en moralisant les masses par l'exemple. C'est l'affaire des hommes instruits et le rôle d'un gouvernement honnête.